I0265988

www.ingramcontent.com/pod-product-compliance
Lightning Source LLC
Chambersburg PA
CBHW030916170426
43193CB00009BA/875
9781777886080

انتشارات آسمانا

درنای سیبِری

چهار تک‌گوییِ سربه‌هوا در دوازده تابلو

علی فومنی

نشر آسمانا، تورنتو، کانادا

٢٠٢٤/١٤٠٢

درنای سیبِری: چهار تک‌گوییِ سربه‌هوا در دوازده تابلو
نویسنده: علی فومنی
ناشر: آسمانا، تورنتو، کانادا
طرح جلد: محمد قائمی
صفحه‌آرا: ایلیا اشرف
نوبت چاپ: اول، ۲۰۲٤/۱٤۰۲
شماره آی‌اس‌بی‌ان: ۹۷۸۱۷۷۷۸۸۶۰۸۰

حق چاپ برای ناشر محفوظ است.

درنای سیبِری

چهار تک‌گوییِ سربه‌هوا در دوازده تابلو

علی فومنی

درنای سیبِری یکی از گونه‌های در معرضِ انقراضِ درناهاست که سه جمعیتِ اصلی دارد: جمعیتِ مرکزی که مقصدِ سفرِشان هند بود و منقرض شدند، جمعیتِ شرقی که هرسال به چین می‌روند و جمعیتِ غربی که به ایران می‌آمدند.

«امید»، آخرین بازمانده‌ی جمعیتِ غربیِ درناهای سیبِری، پس از کشته شدنِ جُفتَش «آرزو»، پانزده سال تنها به ایران سفر کرد.

پانزدهمین سفرِ پاییزیِ **امید** به ایران در سالِ ۱۴۰۱ بود.

در پاییزِ ۱۴۰۲ **امید** به ایران نیامد.

بَسَم از هوا گرفتن که پَری نمانْد و بالی

به کجا رَوَم زِ دستَت که نمی‌دهی مجالی

سعدی

۱

گَلین

گَلین

روی پُلِ چوبی که پا می‌ذارم، بارون می‌گیره. باد توی نیزارای اطراف می‌پیچه، چند تا گنجشکِ خیس بال می‌زنن و دور می‌شن. کسی نمی‌دونه اینجام. از خاکسپاری که برگشتیم خونه، کیان توی بغلَم خوابش برده بود؛ سپردمِش به صنم و یه‌راست اومدم اینجا. تحملِ رفت‌وآمدا و گریه‌زاریای فامیل رو نداشتم. کدومِشون حالِ من رو می‌فهمن؟ چی دارن بگن به‌م؟ چند روزِ دیگه هرکی می‌ره پیِ زندگیِ خودش، من می‌مونم و یه بچه‌ی دوساله و یکی دیگه توی شکمَم.

حالا دیگه اسفندیار زیرِ خاکه. هرچی تنها بودم، تنهاتر شدم. چند دقیقه پیش که رفتم توی علفزار، دیدم باد، نوارای زردی رو که دورِ صحنه‌ی قتل کشیده بودن، انداخته روی شاخه‌ی درختا.

همون‌جا نشستم و با دوربینِ اسفندیار نگاهی به تالاب انداختم. دو تا درنا روی آب بودن و من سعی می‌کردم از چشمِ اسفندیار به‌شون نگاه کنم، از چشمِ یه محیط‌بانِ مُرده، توی هوای شکارممنوع!

اسفندیار

می‌بینی گلین جان؟ از اون‌همه درنا، از اون هفتِ بزرگ مورّب توی آسمونِ تالاب، از اون‌همه پای سرخ و چشمِ روشن، از اون‌همه بالِ بزرگ و آواز نرم، فقط همین دو تا مونده‌ن: امید و آرزو!

گَلین

به شکارچیایی که اون درناها رو نشونه رفته بودن فکر می‌کنم، به شامه‌ی تیزِ اسفندیار و اسلحه‌ی همیشه‌خالی‌ش. اون روز بینِ‌شون چی گذشته؟ کی اسفندیار رو زده؟ چرا از اون فاصله‌ی نزدیک به‌ش شلیک شده؟ چند نفر بوده‌ن؟... نه توی پزشکی قانونی، نه توی کلانتری، هیچ اسمی به‌مون ندادن؛ فقط گفتن چندتا شکارچی بازداشت شده‌ن. اما همه می‌دونن اینجا شکارچیِ گُذَری نداره، قُرُقِ شکارِ دُم‌کلفتاست. اگه اصلِ‌کاریه رو نگرفته باشن چی؟!... توی خاکسپاری همه‌ش به غریبه‌ها، به آدمای ناشناس نگاه می‌کردم و دنبالِ قاتل می‌گشتم.

هر سال این موقع، کارِ اسفندیار بیشتر می‌شد؛ نه که ازش بخوان، خودش می‌رفت، شب، نصفه‌شب. آروم‌وقرار نداشت. فصلِ اومدنِ پرنده‌های مهاجر که می‌شد سَر از پا نمی‌شناخت. اینجا رو می‌پرستید. چند بار خواستن از اینجا منتقلِش کنن، زیرِ بار نرفت. اینا رو توی کلانتری هم گفتم. چرا می‌خواستن از تالاب دورِش کنن؟

دارم به آخرای پُلِ چوبی می‌رسم، دیگه چیزی به دریا نمونده. پام نمی‌کشه برگردم خونه. دوست دارم همین‌طور برم جلو، برم توی آب، غرق شَم. برسم به اسفندیار و ازش بپرسم چی به سرش اومد؟ چرا زدنِش؟ کی خونِش رو ریخت؟ ازش بپرسم حالا من باید چی‌کار کنم؟ به کیان و اینی که تو شکمَمه چی بگم؟ به نهالا و بوته‌های اینجا، به نیزار، به نیلوفرای آبی و سنجاقکای قرمز، به مهمونای بال‌داری که از سفرهای چندهزار مایلی می‌آن، به مهمونایی که گوش‌تاگوش توی خونه نشسته‌ن،... چی بگم اسفندیار؟... بگو!

۲

ماهور

ماهور

پرده‌های کلاس رو کنار می‌زنم و از پنجره نگاهی به حیاطِ خالیِ مدرسه می‌ندازم. جز آسیه خانوم که داره آب‌خوری رو تمیز می‌کنه و چند تا کلاغ که دوروبَرِ زمینِ بازی می‌پلکن، جنبنده‌ای در کار نیست. انگارنه‌انگار این همون حیاطِ هفته‌ی پیشه با اون‌همه بروبیا و سَروصدا. از شنبه که بچه‌هام رو ندیده‌م دلم براشون یه‌ذره شده. این حالِ هر سالِ منه. از اول خرداد که جوجه‌ها رو مرخص می‌کنن تا مهرماه که دوباره پیداشون می‌شه، خیلی به‌م سخت می‌گذره. هر روز به بهانه‌ای می‌آم مدرسه و تا دیروقت می‌مونم. امروز اما فرق داشت؛ بعدِ چند روز خُماری، دلی از عزا درآوردم. جشنِ پایانِ سالِ پیش‌دبستانیا بود و به بهانه‌ی کمک به نهال و همکارای دیگه اومدم دانش‌آموزای سالِ دیگه‌م رو ببینم. پنج ساله فقط با کلاس‌اولی‌هام. کار کردن با اول‌دبستانیا رو با همه‌ی سختی‌هاش دوست دارم؛ همین که هنوز خوندن‌نوشتن بلد نیستن، دستِ مدرسه رو سِفت نچسبیده‌ن،... نمی‌دونم، یه چیزی توی کلاسِ اول هست که قبل و بعدش نیست.

توی همکارا، نزدیک‌ترین دوستم همین نهاله که اونَم جونِش به جونِ پیش‌دبستانیا بستَه‌ست. امروز یه برقی توی چشماش بود که به‌ش حسودیم شد. جشنِ‌شون از ساعتِ نُهِ صبح شروع شد و تا نیم ساعت پیش ادامه داشت. نهال و نفیسه بچه‌ها رو بردن پارکِ کنارِ مدرسه که یه‌کم بازی کنن و بعد خونواده‌ها همون‌جا بیان دنبالِشون. نفیسه هم دخترِ خوبیه، کارآموزه و با نهال کار می‌کنه.

می‌رم نقاشیای بچه‌ها رو به دیوار بچسبونم که نهال زنگ می‌زنه. صداش می‌لرزه. حالِش بَدِه. سَروصدای اطرافِش زیاده و نمی‌فهمم چی می‌گه. تا می‌آم چیزی بپرسم تلفن قطع می‌شه و هرچی می‌گیرمِش در دسترس نیست. یعنی چی شده؟ به نفیسه زنگ می‌زنم. گریه می‌کنه. می‌گه یکی از بچه‌ها گم شده. می‌پرسم کی؟ جواب نمی‌ده. فقط گریه می‌کنه. سرش داد می‌زنم کی؟ می‌گه توکا...

رفتم به هر بدبختی بود بچه‌ها رو تحویلِ خونواده‌هاشون دادم و برگشتم مدرسه. نهال توی دفتره و داره با مأمورِ پلیس حرف می‌زنه. به مدیرِمون که رفته بود اداره خبر دادم خودش رو برسونه، نفیسه رو هم فرستادم بره. طفلک مثلِ بید می‌لرزید.

هنوز کسی نیومده دنبالِ توکا. هفته‌ی پیش دایی‌ش می‌اومد دنبالِش. آسیه خانوم می‌گه بچه‌ها که توی پارک بودن دایی توکا زنگ زد گفت کمی دیرتر می‌رسه. حالا باید چه خاکی به سر کنیم؟...

یادِ گم شدنِ برادرم جاوید می‌افتم. هفت سالِش بود. نزدیکای عید، رفته بودیم بازار رضا. مامان داشت با یه فروشنده چونه می‌زد. من و جاوید جلوی بساطِ ماهی‌قرمز بودیم. نفهمیدم کِی دستِش از دستم وِل شد. تا به خودم اومدم نبود...

توی آبدارخونه نشسته‌م که آسیه خانوم می‌آد و می‌گه داییِ بچه اومده دنبالِش. خودم رو جمع‌وجور می‌کنم و می‌رم بیرون. داییِ توکا رو می‌بینم که کنارِ آب‌خوری وایستاده.

سامان

کنارِ آب‌خوری وایستادم که می‌آد. بدنِش مثلِ یه مایعِ معطّر از روی پله‌ها روون می‌شه توی حیاط و همه‌جا رو نمناک می‌کنه.

راه نمی‌ره، می‌رقصه. به یه‌قدمی‌م می‌رسه و می‌گه: «سلام،...»

ماهور سلام،... نهال جون الآن می‌آد خدمتِ‌تون.

سامان شما باید معلمِ کلاسِ اول باشین،... سَروکله زدن با کلاس‌اولی‌ها خیلی سخته اما به زحمتِش می‌اَرزه، یه چیزی توی کلاسِ اول هست که قبل و بعدش نیست.

ماهور

می‌پرسم: «شما معلمید؟»، تا می‌آد چیزی بگه نهال و مأمورِ پلیس رو می‌بینه که دارن می‌آن توی حیاط.

سامان چیزی شده؟

ماهور

دهنَم خشکه، صِدام درنمی‌آد.

سامان توکا کجاست؟

ماهور راستش... توی پارک با بچه‌های دیگه مشغولِ بازی بوده که...

سامان گم شده؟!

ماهور

به طرزِ مفلوکی سَر تکون می‌دم. داییِ توکا عینکِش رو برمی‌داره و زُل می‌زنه بهِم.

چه چشمایی!...

نهال می‌آد سمتِمون. لبخند می‌زنه و می‌گه توکا رو توی پارک پیداش کردەن.

۳

رامش

رامش

بازیِ همزمانِ نقشِ یه مادر و دختر، اون هم تو صحنه‌هایی که هر دوشون حضور دارن، یه تجربه‌ی عجیبه. از وقتی دارم مادام رانِوْسکی[1] رو هم بازی می‌کنم، حالِ آنیا[2] رو بهتر می‌فهمم. حالا وقتی آنیا می‌شم و می‌گم: «ماه داره بالا می‌آد»[3] یا وقتی می‌گم: «مادر، زندگیِ تازه‌ای داره شروع می‌شه»، اینا رو با یه حسِ دیگه‌ای می‌گم. انگار توی چندماهِ گذشته که من فقط آنیا رو بازی می‌کردم و گیلدا، مادام رانِوْسکی بود، نه نقشِ اون دخترِ هفده‌ساله رو خوب درک کرده بودم، نه حالِ مادرش رو. هرچند هنوز اون مادام رانِوْسکی رو که گیلدا بازی می‌کرد، بیشتر دوست دارم. به نظرم گیلدا با همه‌ی اَدا و اغراقِش، خودِ خودِ مادره بود.

تمرینِ پرده‌ی دوم که تموم می‌شه آنتراکت می‌دن. گوشیم رو روشن می‌کنم. از سامی پیام دارم: «خوبی رامش جان؟ خبری نشد؟» می‌نویسم: «نه هنوز».

---

1 . Madame Lyubov Andreievna Ranevskaya

2 . Anya

۳. این بازگویی‌های پراکنده و شکسته در تابلوهای رامش، برگرفته از باغِ آلبالوی چخوف در برگردانِ سیمین دانشور است.

پیام رو یه‌ساعت پیش فرستاده، به وقتِ مونترال می‌شه چهارِ صبح. می‌نویسم: «بیداری؟» به حرفِ پرتی که زدم فکر می‌کنم. این چه سؤالیه آخه؟ معلومه بیداره. سامی و خواب؟ آخرش نفهمیدم این جونور کِی می‌خوابه. پیامَم رو می‌بینه و لبخند می‌فرسته. می‌نویسم: «تو آنتراکت‌ایم. چند دقیقه دیگه باید برگردم سَرِ تمرین. خبری بشه می‌گم بهت»... و گوشی رو خاموش می‌کنم.

توی این مدت که منتظرِ ویزای فرانسه‌ایم، انتظارِ من از زمین تا آسمون با بقیه فرق داشته. ذوقِ اجرای باغِ آلبالو توی پاریس کجا و شوقِ دیدنِ سامی توی خودِ باغِ آلبالو کجا! طفلک پروازش رو از الآن رِزِرو کرده. از وقتی کارِمون برای اجرا به پاریس دعوت شده، به‌جای تروفیموف[4] با سامی حرف می‌زنم و همه‌ی دیالوگای تروفیموف رو با صدای سامی می‌شنوم.

رامش چی‌کارم کردی سامی؟ چه وِردی برام خوندی که دیگه مثلِ اون‌وقتا باغِ آلبالو رو دوست ندارم؟ چقدر برام عزیز بود!... به نظرم می‌اومد روی زمین هیچ‌جا به قشنگیِ باغِ آلبالوی ما نیست.

[4]. Peter Trofimov

سامی این باغ وحشتناکه رامش. شبا که توش راه می‌ری، پوستِ پیرِ درختا توی تاریکی برق می‌زنه. درختای آلبالو خوابِ این دویست سال رو می‌بینن و ارواحِ تاریک توی باغ حلول می‌کنن. ما عقب‌مونده‌ایم، ما کمِ‌کم دویست سال عقب افتادیم و هنوز چیزی به‌دست نیاوردیم. اگه می‌خوای توی حال زندگی کنی باید گذشته رو ببوسی و بذاری کنار... باغِ آلبالو رو رها کن رامش! اگه کلیدای صندوق‌خونه دستِته، اونا رو بنداز توی چاهک و برو، مثلِ باد آزاد شو!

رامش

اما وقتی مادام رانِوْسکی می‌شم، همه‌چی محو می‌شه، دود می‌شه، از بین می‌ره. قیافه‌ی گیلدا می‌آد جلوی چشمَم. چی می‌شد گیلدا ممنوع‌الخروج نبود، باهامون می‌اومد و با مادام رانِوْسکی تنهام نمی‌ذاشت؟ چی می‌شد من فقط آنیا می‌بودم؟...

تمرینِ پرده‌ی سوم شروع می‌شه. پیر می‌شم. مادام رانِوْسکی می‌شم. با شارلوتا ایوانُوْنا[5] به صحنه می‌آم و می‌پرسم: «چرا لِئونید این‌قدر دیر کرده؟»

---

[5] . Charlotta Ivanovna

تروفیموف هنوز جوابِ مادام رانِوْسکی رو نداده که درِ سالن باز می‌شه و یکی از دستیارا عصبی و غُرغُرکنان می‌آد تو. همه فریز شدیم و به‌ش نگاه می‌کنیم. می‌شینه روی لبه‌ی سِن، نَفَسِ عمیقی می‌کشه، سَر تکون می‌ده و می‌گه: «نشد!» می‌پرسیم: «یعنی چی؟ چرا؟ چی می‌گن؟» می‌گه: «هیچی، مزخرف، نقصِ مدارک و... چه می‌دونم، نمی‌دن دیگه، ریجکت!»، بعد پاسپورتا رو از توی کیفش درمی‌آره و می‌ندازه جلومون. زانوهام سست می‌شه. یکی دستم رو می‌گیره که نیفتم. همه وامی‌ریم. یکی از پسرا با اکراه پاسپورتِش رو برمی‌داره، همون‌جا می‌شینه و پاسپورت رو ورق می‌زنه که یِهو از جا می‌پره، جیغ می‌کشه و صفحه‌ی ویزا رو نشونِمون می‌ده.

ویزاها صادر شده‌ن. می‌پریم سمتِ پاسپورتامون. یکی دو نفر می‌ریزن سرِ اون دستیار و تا می‌خوره می‌زننِش. پاسپورتَم رو برمی‌دارم. نگاهی به ویزام می‌ندازم، خوشگله. فوری ازش عکس می‌گیرم و برای سامی می‌فرستم.

چشمام رو می‌بندم و می‌رم آخرای پرده‌ی دوم. سامی رو توی لباسِ تروفیموف می‌بینم که به ماه نگاه می‌کنه و می‌گه: «خوشبختی اینجاست...»

سامی خوشبختی اینجاست رامش. اون روز نزدیک و نزدیک‌تر می‌شه. من حتا صدای پاش رو می‌شنوم.

و من توی لباسِ آنیا نزدیکِش می‌شم و از پشتِ سَر به‌ش می‌چسبم. عَرَق از لای سینه‌هام روون می‌شه و می‌شینه توی گودیِ نافَم؛ دهنَم رو اونقدر به گردنِش نزدیک می‌کنم که هُرمِ نَفَسام وجودش رو مرتعش کنه و آهسته توی گوشِش می‌گم: «بریم کنارِ رودخونه؟ اون‌جا بهتره.»

٤

آرزو

آرزو

نورِ چراغ‌قوه‌ی مأمورا که رومون می‌افته، خشکِمون می‌زنه و بطریای آب‌جو از دستِمون می‌افته زمین. با لگدِ مأمورا پرت می‌شیم روی بوته‌ی شمشاد. جاوید سعی می‌کنه پاشه که یکی از مأمورا با پوتین محکم می‌زنه توی تُخمِش.

جاوید

سعی می‌کنم پاشم که یکی از مأمورا با پوتینِش محکم می‌زنه توی تُخمَم. از درد توی خودم جمع می‌شم. آرزو از روی شمشادا می‌پره، شروع می‌کنه به دوییدن و مأمورا رو می‌کشونه دنبالِ خودش.

آرزو

جاوید آروم می‌خزه پشتِ بوته‌ها. چشماش رو می‌بنده و می‌شمره...

جاوید

هزار و یک، هزار و دو، هزار و سه...

آرزو

مأمورا گُمَم می‌کنن و برمی‌گردم پیشِ جاوید. دستِش رو می‌گیرم. یه نَفَسِ عمیق می‌کشیم و با همه‌ی توان می‌دوییم. از نرده‌ی فلزیِ تَهِ پارک بالا می‌ریم. و می‌پریم توی کوچه‌پُشتی. دستِ همدیگه‌رو سِفت می‌چسبیم و مثلِ دو تا خرگوشِ وحشت‌زده زیگزاگ می‌ریم. سرِ کوچه، یه ساختمونِ نیمه‌کاره‌ست که جلوش بارِ شِن خالی کرده‌ن. بی‌معطلی خودمون رو پرت می‌کنیم پشتِ کُپّه‌ی شِن و همون‌جا پناه می‌گیریم. دستِ جاوید توی دستم می‌لرزه. جاوید آهسته خودش رو به‌م می‌چسبونه. محکم بغلِش می‌کنم... لباسمون بی‌اختیار می‌رن سمتِ همدیگه.

۵

گَلین

گَلین

اتاقِ وکیل سرده. خودم رو با شال می‌پوشونم. وکیل پشتِ میزش نشسته و پرونده رو ورق می‌زنه. پیرمرد، دوستِ پدرم بوده. سال‌هاست می‌شناسمِش. چهره‌ش رو وقتی می‌اومد خونه‌مون خوب یادمه. خم می‌شد، عروسکی رو که برام آورده بود نشون می‌داد و به تُرکی می‌گفت: «گَل گَلین جان، گَل!»... از وقتی بابا مُرد دیگه نیومد. به مجسمه‌ی روی میزش خیره می‌شم: یه زن با موهای بافته که چشم‌بند به چشم داره، توی یه دستش ترازو و توی دستِ دیگه‌ش شمشیره. وکیل یه کاغذ از توی پرونده درمی‌آره و می‌خونَدِش. سایه‌ی اسفندیار روی دیوارِ پشتِ سرِ وکیل دهن باز می‌کنه.

اسفندیار

دروغه. دفاع از خود؟! دفاع از خود در برابرِ چی؟ من حتی فرصت نکردم اسلحه‌ی خالی‌م رو سمتِش نشونه بگیرم؛ وقتی جسدم رو پیدا کردن، اسلحه روی دوشَم بود!...

گَلین

وکیل پرونده رو می‌بنده و می‌گه: «با این مستندات...»

وکیل با این مستندات...

گلین مستندات؟! شما طرفِ کی هستین؟

وکیل من طرفِ توام گلین جان، یه وقتی عمو صِدام می‌زدی، یادته؟!

گلین برای همینه که اینجام، وگرنه...

وکیل وگرنه چی؟ می‌رفتی سراغِ یه وکیلِ دیگه؟

گلین

توراهی‌م لگد می‌زنه. دردم می‌گیره. چندوقته بَدقِلقی می‌کنه. کاش می‌تونستم اسمِش رو صدا کنم و بگم بَس کن! اما چی صداش کنم وقتی هنوز معلوم نیست امیده یا آرزو؟!...

قرار بود اگه دختر شد، بشه آرزو و پسر بشه امید. ویارِ ترشی دارم، رشدِ موهام زیاد شده، روی پهلوی چپ می‌خوابم و می‌گم امیده؛ ویارِ شیرینی دارم، پوستم چرب شده، روی پهلوی راست می‌خوابم و می‌گم آرزو.

وکیل یه لیوان آب می‌ده دستم و می‌گه: «دنبالِ چی هستی؟...»

وکیل دنبالِ چی هستی؟... چی می‌خوای؟!

گلین [آب می‌نوشد و کمی آرام می‌گیرد.] من چیزی جز حقَم نمی‌خوام.

وکیل [زیرلب] حق!... [با اشاره به شکمِ گلین] به حقِ اونم فکر می‌کنی؟

گلین [دست روی شکمَش می‌گذارد.] حقِش اینه؟ که خونِ باباش پایمال بشه؟ چندماه دیگه که بیاد چی بگم به‌ش؟ بگم کشته شدن توی مشاجره با یه شکارچی که وِلِش کرده‌ن؟

وکیل یه شکارچی؟! تو اصلاً طرف رو می‌شناسی؟ می‌دونی کیه؟...

گلین هرکی می‌خواد باشه. قتل کرده، آدم کشته، نکشته؟

وکیل این رو که کسی منکر نشده، دادگاه هم می‌گه قتل...

گلین قتلِ غیرِعمد؟!... اصلاً گورِ پدرِ دادگاه، شما چی می‌گین؟ اگه شما هم بگین غیرعمد...

وکیل من قاضی نیستم.

گلین اما زیروبمِ ماجرا رو خوب می‌دونین، اون‌همه دروغ و تناقض که توی پرونده‌ست، اون‌همه ارعاب و تهدید، اینا رو خودتون به‌م گفتین!...

وکیل آره اما اینجا سوئیس نیست، من هم این موها رو توی آسیاب سفید نکرده‌م. تَه‌ِش همینه: قتلِ غیرِعمد و دیه.

گلین یعنی پولِ خونِ اسفندیار رو بگیرم بدم به بچه‌هاش؟

وکیل تصمیم با خودته، من وکیلِ توأم. اگه تو بخوای، به حُکمِ بدوی اعتراض می‌کنم و درخواستِ تجدیدنظر می‌دم، تا آخرش هم باهات می‌آم.

گَلین

به مجسمه‌ی روی میزش خیره می‌شم. نگاهم از چشم‌بندِ زن می‌ره روی موهای بافتَه‌ش و از روی موهاش سُر می‌خوره، می‌افته توی ترازوش. سَر می‌چرخونم، با وکیل چشم‌توچشم می‌شم و می‌گم: «پس باهام بیاید، تا آخرش.»

۶

ماهور

ماهور

هوا داره تاریک می‌شه. تا منوچهری راهی نمونده. اگه ترافیک نباشه چند دقیقه دیگه می‌رسیم. از اون عتیقه‌فروشی تا خونه‌ی نهال هم راهی نیست. دوست ندارم دیر برسیم و نهال رو چشم‌به‌راه بذاریم؛ می‌شناسمِش، دلخور می‌شه. نهال و بامداد یه سالی می‌شه با همَن. خیلی به هم می‌آن. بامداد معلمِ تاریخه. وقتی از گذشته‌های دور حرف می‌زنه، سِحْرِت می‌کنه، می‌بَرَدِت توی هزارتوهای گم‌شده و اشباح، روحِت رو تسخیر می‌کنن. بامداد و نهال شَمَنِ سفرهای خلسه‌آمیزن و خونه‌شون پُرِ چیزای عجیب و رازآلوده. کاش بتونم توی عتیقه‌فروشی یه هدیه‌ی خوب براشون پیدا کنم.

سامان صدای موسیقی رو کم می‌کنه، انگار بخواد چیزی بگه اما با شناختی که این مدت ازش پیدا کردم، حتم دارم هیچی نمی‌گه. نزدیکِ سه ماهه باهم‌ایم و این برای من یه رکورد محسوب می‌شه. تا جایی که یادم می‌آد عمرِ رابطه‌م با هیچ مُذَکّری بیشتر از یکی دو هفته نبوده. همه‌شون خیلی زود یه گافی داده‌ن. اما سامان با همه فرق داره. اون هم درباره‌ی من همین رو می‌گه.

چند ماه پیش که دوست‌دخترِش رو توی مونترال وِل کرد و برگشت ایران، فکرش رو هم نمی‌کرد به این زودی پابَند بشه. می‌پرسم: «پابَندِ چی؟» لبخند می‌زنه. مرموز و توداره، دیوونه‌ی خواستنی و کمیابی که هیچ مقاومتی در برابرش ندارم و این بیشتر تحریکم می‌کنه. همه‌چی رو تا اوج می‌خواد، نه در اوج، از مقصد گریزونه. چیزی که برام جذاب‌ترش می‌کنه، زندگی کردنِ باورهاشه. توی کار، رابطه‌ی عاطفی، سِکس، سفر، هرجا بوی مقصد به مَشامِش بخوره، بی‌معطلی اون وضعیتِ عالی و درخشان رو رها می‌کنه و می‌ره، گم می‌شه. درست مثلِ من که از هر تلاشی برای حفظِ وضعیت بیزارم. دوست ندارم هیچ دستی رو سِفت بچسبم. به‌م احساسِ خواری و حقارت می‌ده. همین امروز عصر، توی تجمعِ بهارستان، حسِ بدی داشتم. حسی که نمی‌تونم ازش با کسی جز سامان حرف بزنم. احساس می‌کردم توی اون جمعِ معترض، یه وصله‌ی ناجورم: معلمای حق‌التدریسی که هفته‌هاست دارن به بلاتکلیفی‌شون اعتراض می‌کنن...

امروز، وقتی همه دستای هم رو گرفته بودن، از خودم پرسیدم من این‌جا چی‌کار می‌کنم؟ چرا باید گلوم رو جِر بدم که استخدامَم کنن؟ مگه پنج سال پیش که دانشگاه رو وِل کردم و معلم شدم چی می‌خواستم؟ مگه وقتی مامان و بابا به‌م توپیدن، قیدِ خونه رو نزدم؟ من که توی زندگیم حتی دستِ داداشِ هفت‌ساله‌م رو هم سِفت نچسبیده بودم، اون‌جا چی‌کار می‌کردم؟...

حالَم داشت از خودم به هم می‌خورد. به سامان زنگ زدم بیاد دنبالم. بودنم توی اون تجمع صادقانه نبود. سامان که اومد و از اون‌جا دور شدیم، باری از روی دوشم برداشته شد. یه‌کم توی خیابونا چرخیدیم و بعدش رفتیم تئاتر: باغِ آلبالو. بلیتِ مهمان داشتیم؛ مهمونِ گیلدا، خواهرِ بامداد بودیم.

سامان

و خواهرِ بامداد چه خوب بود توی باغِ آلبالو، خودِ خودِ مادام رانِوْسکی بود. بعدِ اجرا، رفتیم پشتِ صحنه دیدیمِش. ازش پرسیدم اونی که آنیا رو بازی می‌کرد اسمِش چیه؟

ماهور

به عتیقه‌فروشی که می‌رسیم، جای پارک نیست. به سامان می‌گم یه جایی همون اطراف توی ماشین منتظر بمونه تا برگردم اما اون مثلِ همیشه توی توقف‌ممنوع پارک می‌کنه و باهام می‌آد. مغازه‌دار یه آقای بی‌حوصله‌ست که کاری به کارمون نداره. یه قلمدونِ آنتیک توجه‌َم رو جلب می‌کنه. به سامان نشونِش می‌دم و می‌گم: «چه‌طوره؟»

نیم‌نگاهی به قلمدون می‌ندازه، بعد یه مجسمه‌ی سنگی رو نشونم می‌ده.

سامان این چه‌طوره؟

ماهور

مجسمه واقعاً معرکه‌ست اما چون بی‌اعتنایی‌ش به قلمدون توی ذوقم زده، چیزی نمی‌گم.

سامان معرکه‌ست، نه؟

ماهور

دارم مقاومتم رو از دست می‌دم. به خودم مسلط می‌شم و می‌آم منِ‌من‌کنان چیزی بگم که مجسمه رو می‌گیره جلوی چشمم.

سامان چی می‌بینی؟

ماهور

مجسمه شبیهِ هیچ موجودی که تابه‌حال دیده باشم نیست اما نباید کم بیارم. می‌گم: «ریختِ اسطوره‌ایِ عجیبی داره!...»

سامان این قرار بوده اسب باشه اما یه گرگ متولد شده!

ماهور

مجسمه رو از دستِش می‌گیرم و توش نه اسب می‌بینم، نه گرگ. دست و پا نداره و روی کِتفِش دو تا برآمدگی دیده می‌شه که مثلِ دو تا بالِ درنیومده‌ست. گردنِ درازش به یه سَرِ کوچولوی گِرد می‌رسه که فقط یه دهنِ بازِ بزرگه. سامان انگشتِش رو می‌ذاره توی دهنِ مجسمه و من نوکِ سینه‌هاش رو که مثلِ دو تا چشمِ روشن برق می‌زنن لمس می‌کنم. فروشنده می‌آد طرفِمون و با تعجب به‌مون نگاه می‌کنه.

فروشنده این تحفه رو از کجا پیداش کردین؟... اگه برای هدیه می‌خواین چیزای درست‌حسابی دارم، مثلِ اون قلمدون یا اون...

ماهور

مجسمه رو محکم می‌چسبم و می‌گم: «همین رو می‌بریم.»

سامان

خونه‌شون سرده. نهال و بامداد مضطربن. امشب، جز من و ماهور، مهمونِ دیگه‌ای هم داشته‌ن که نیومده: بهمن، برادرِ بامداد.

ماهور

بهمن عضوِ کانونِ صنفیِ معلماست که همین دو ماه پیش به قیدِ وثیقه آزاد شد؛ امشب قرار بود بهمن هم این‌جا باشه، یعنی باید امروز با پروازِ زاهدان–تهران برمی‌گشت.

ماهور [به نهال] با فرودگاه تماس گرفتین؟

نهال اسمِش تو لیستِ پرواز امروز نبود.

ماهور [به بامداد] آخرین بار کِی باهاش حرف زدی؟

بامداد هفته‌ی پیش، همون روزی که رسوندمِش فرودگاه.

ماهور اون‌جا که بود تماسی نداشتین باهاش؟

نهال جایی که رفته موبایل آنتن نمی‌ده، راهِ ارتباطیِ دیگه‌ای هم نیست.

ماهور مگه کجا رفته؟

بامداد یه جایی اطرافِ سراوان. قرار بود تو راهِ برگشتن، از اولین جایی که آنتن می‌ده تماس بگیره که نگرفت...

ماهور تو مطمئنی رفته؟

بامداد چی می‌خوای بگی؟!

ماهور خودت دیدی سوارِ هواپیما بشه؟

بامداد نه، من فقط رسوندمِش... [در حالِ چک کردن موبایلش] اما پروازش که نشست زاهدان خبر داد خودش. [پیامکِ بهمن را به ماهور نشان می‌دهد.]

ماهور [در حالِ خواندنِ پیامکِ بهمن] پروازِ رفت چه ساعتی بوده؟

بامداد نُه و چهل دقیقه!... خودم بلیت گرفتم براش.

ماهور یعنی پروازِ تهران-زاهدان پنجاه دقیقه‌ست؟

نهال منظورت چیه؟

ماهور این پیامک ساعتِ دَه و نیم رسیده نهال، پنجاه دقیقه بعدِ پرواز!

بامداد [موبایلش را از دستِ ماهور می‌گیرد و نگاهی به پیامکِ بهمن می‌اندازد... در فکر] من از فرودگاه برگشتم مدرسه. سرِ کلاس بودم، پیامکِش رو دیرتر دیدم.

ماهور

سامان نگاهِش رو از جمع می‌گیره و به مجسمه‌ای که برای بچه‌ها آوردیم خیره می‌شه.

۷

رامش

رامش

دَر رو باز می‌کنم. از لای دَر نگاهی به اطراف می‌ندازم. کوچه تاریک و خلوته. بیرون می‌رم و دَر رو پشتِ سرم آهسته می‌بندم. گیلدا از پشتِ پنجره برام دست تکون می‌ده، بعد پرده رو می‌ندازه و چراغِ اتاقِش خاموش می‌شه. حالم خوبه. احساسِ سَبُکی می‌کنم. قبلِ رفتن باید می‌دیدمِش. یه چیزی از مادام رانوْسکی پیشِ گیلدا جا مونده بود، یه چیزی توی نگاهِش، توی لبخندِش، توی اندوهِش کم بود که فقط با دیدنِ گیلدا برمی‌گشت.

از دو ماه پیش که احضارش کردن دیگه ندیدیمِش. ممنوع‌الخروجیِ گیلدا همه‌مون رو به هم ریخت. بدونِ مادام رانوْسکی تکلیفِ باغِ آلبالو چی می‌شد؟... سپرده بود باهاش تماس نگیریم. بچه‌ها می‌گفتن شدید تحتِ نظره. قبلِ اینکه ببینمِش فکر می‌کردم حسابی داغون باشه اما وقتی بغلِش کردم هیچ لرزشی تو وجودش نبود، محکم و مطمئن، درست مثلِ روزی که با دویچه‌وله[6] مصاحبه کرد و از برادرش، بهمن، گفت.

---

[6] . Deutsche Welle

توی گوشِش گفتم: «من دارم می‌رم که برم، برنمی‌گردم. پام به اون‌جا برسه با هرکی بتونم مصاحبه می‌کنم، از گم شدنِ بهمن می‌گم، از حصرِ تو!...»

لبخند زد، پیشونی‌م رو بوسید و روحِ مادام رانِوْسکی رو یه‌جا ریخت توی تنم.

به سرِ کوچه که می‌رسم یه موتورسوار وایستاده. قدمام رو تند می‌کنم. پشتِ سرم رو می‌پام و موتورسواره رو می‌بینم که داره چراغ‌خاموش می‌آد. به ایستگاهِ اتوبوس می‌رسم. توی ایستگاه دو نفرِ دیگه هم هستن: یه مرد و یه پیرزن. موتورسوار کلاه‌کاسکتِ سَرِشه و روی موتورش نشسته. سعی می‌کنم نگاش نکنم. اتوبوس می‌رسه. پشتِ سَرِ پیرزن سوار می‌شم و روی صندلیِ کنارش می‌شینم. به مقصد که می‌رسم، همین‌که پیاده می‌شم موتورسواره رو می‌بینم. دَر بسته می‌شه و اتوبوس داره راه می‌افته که محکم می‌کوبم به دَر. راننده ترمز می‌کنه و دَر دوباره باز می‌شه. می‌پرم بالا و همون‌جا کنارِ پیرزن می‌شینم. نَفَسم بالا نمی‌آد. دستم می‌لرزه. پیرزن دستم رو توی دستاش می‌گیره. چشمام رو می‌بندم. دستم توی دستای پیرزن مثلِ دستِ آنیا توی دستای مادام رانِوْسکی گرم می‌شه.

نرسیده به ایستگاهِ بعدی، پیرزن چادرش رو برمی‌داره، می‌ده به‌م که سَرَم کنم. بعد مانتوش رو مرتب می‌کنه، دستم رو می‌گیره و با هم پیاده می‌شیم. اتوبوس راه می‌افته و موتورسوار دنبالِش... چادرِ پیرزن رو به‌ش برمی‌گردونم. دستم رو فشار می‌ده، لبخند می‌زنه و می‌ره.

۸

آرزو

آرزو

پیامکِ جاوید ساعت دوازده‌ونیمِ شب می‌رسه: «من رسیدم آرزو جان. می‌رم خوابگاه، قرارمون فردا ظهر، ساعتِ یک، همون‌جا.» می‌نویسم: «چی؟!»... پاکِش می‌کنم. می‌نویسم: «نه!»... پاکِش می‌کنم. می‌نویسم: «می‌ری خوابگاه؟»... پاکِش می‌کنم. می‌نویسم: «توله‌سگ من از دوازده‌ساعت پیش که از مشهد راه افتادی دارم لَه‌لَه می‌زنم بغلِت کنم!»... می‌آم پاکِش کنم که پیامکِ بعدی‌ش می‌رسه: «مامانِ جمال یه امانتی فرستاده، باید برم بِدَم به‌ش» و تا می‌آم چیزی بنویسم، یه بوس و یه بغل می‌فرسته. پیامکاش رو دوباره می‌خونم: قرارِمون فردا ظهر، ساعتِ یک، همون‌جا... پس پیامِ بچه‌ها به‌ش رسیده. «ساعتِ یک، همون‌جا» رو بچه‌ها دیروز عصر توی بوفه‌ی دانشگاه قطعی کردن. از اینجا تا «همون‌جا» دوازده ساعت و بیست‌ودو دقیقه‌ی دیگه مونده. حجمِ جاوید رو روی تخت می‌سازم و براش کنارِ خودم جا باز می‌کنم...

جاوید

برام کنارِ خودت جا باز می‌کنی؛ بعد روت رو اَزَم برمی‌گردونی و می‌گی...

آرزو

کاش جمال پسرعموت نبود. کاش امانتیِ من رو زودتر از امانتیِ جمال می‌رسوندی،... بوی تَنتِ رو،... بغلت رو...

دوازده ساعت و بیست‌ودو دقیقه می‌گذره. ساعتِ یک شده. از ساعتِ دوازده این‌جام: خیابونِ انقلاب، روبه‌روی درِ اصلیِ دانشگاه. از جاوید خبری نیست. اینترنت قطع شده. تلفنا هم نمی‌گیرن. هرچی پیامک می‌فرستم نمی‌ره. توی این نیم ساعت دو بار رفتەم تا پُلِ کالج و برگشتەم. جمعیت زیاده. رفت‌وآمدا عادی نیست. دوربینَم رو زیرِ پالتو قایم کردم، کارتِ دانشجویی و از این آت‌وآشغالا هم هیچی همرام نیست.

بچه‌ها همون‌جا که قرار گذاشته بودن جمع شده‌ن. مأمورای یگان‌ویژه هم بَرِ خیابون صف کشیده‌ن. موتورسوارای لباس‌شخصی رو توی خطِ ویژه‌ی اتوبوس می‌بینم. همهمه می‌شه. مردم لباس‌شخصیا رو هو می‌کنن. جمعیت رو اِسکَن می‌کنم. جاوید کجاست؟!...

دانشجوها دستاشون رو به هم قفل می‌کنن و زنجیر می‌شن. مأمورا قدم‌قدم می‌رن سمتِ‌شون. معاونِ دانشگاه با چند تا از حراستیا می‌آن بیرون و از بچه‌ها می‌خوان برگردن توی دانشگاه. کسی برنمی‌گرده. مأمورا به یه‌قدمیِ دانشجوها رسیده‌ن. دیدم کور شده. جمعیت راه نمی‌ده جلو برم. تقلّا می‌کنم. سَرَک می‌کشم. حراستیا دارن بچه‌ها رو هُل می‌دن. درگیری می‌شه.

مأمورا با باتوم می‌زنن توی سرِ دانشجوها. مردم داد می‌زنن و فحش می‌دن. لباس‌شخصیا با زنجیر و شوکر به‌شون حمله می‌کنن. کرکرِه‌ی کتاب‌فروشیا یکی‌یکی پایین می‌آد. قبلِ این‌که دستِ مأمورا بهم برسه، می‌رم توی یه کتاب‌فروشی. کنارِ ویترین می‌شینم. لنزِ دوربین رو می‌چسبونم به شیشه و تندتند عکس می‌گیرم که یه لحظه بینِ مردمی که می‌دوئن طرفِ میدون، جاوید رو می‌بینم. می‌پَرَم توی خیابون و سیلِ جمعیت می‌بَرَدَم سمتِ میدونِ انقلاب، سمتِ جاوید...

۹
گَلین

گَلین

از پله‌ها پایین می‌آم. سالنِ ورودی شلوغه. چند نفر رو با دستبند و پابند رو به دیوار نشونده‌ن. اون‌طرف‌تر یه زن روی زمین نشسته و سرش رو تکیه داده به شوفاژ، یه پسربچه هم کنارش وایستاده و زُل زده به پابندِ متهما. روی ژاکتِ آبیِ پسربچه یه دسته پرنده بافته شده که مثلِ یه هفتِ بزرگِ مورّب تو آسمونن، درست مثلِ مهمونای مهاجرِ اسفندیار که هرسال همین‌وقتا به تالاب می‌رسن. ظهر شده. صنم، خونه، پیشِ بچه‌هاست. لابد سَرِ کیان رو با یه چیزی گرم کرده که بتونه دوقلوها رو بخوابونه.

اسفندیار دوقلوها بزرگ شدن گَلین جان؟

گَلین نه خیلی، جوجَه‌ن هنوز. چرا نمی‌آی ببینی‌شون؟

اسفندیار دلم براشون یه ذره شده گَلین،... اما می‌بینی که، نمی‌تونم چشم از تالاب بردارم.

گَلین تو که دیگه اون‌جا نیستی. تو رو توی آرامگاهِ بالادهِ دفن کردیم، کنارِ پدر و مادرت.

اسفندیار پس همینه که تالاب رو محو می‌بینم. نمی‌شه من رو ببری اون‌جا؟

گَلین چی رو می‌خوای ببینی؟

اسفندیار فقط همون دو تا درنا رو،... امید و آرزو.

گَلین

وکیل از پله‌ها پایین می‌آد. خودش رو به‌م می‌رسونه و می‌گه: «کجا غیبت زد؟»

وکیل کجا غیبت زد؟

گَلین مگه تموم نشد؟

وکیل آخه کی وسطِ قرائتِ حکم پا می‌شه بره گلین جان؟

گَلین آخرش رو اولِش گفتن دیگه... نگفتن؟

وکیل [از کیفش چند کاغذ بیرون می‌آوَرَد.] حُکمِ قبلی تأیید شد، غیرِعمد و دیه... البته چون قتل توی ماهِ حرام بوده، مبلغِ دیه...

گَلین

گُر می‌گیرم و می‌رم بیرون. دنبالم می‌آد.

وکیل کجا می‌ری؟

گَلین شما تا آخرش باهام اومدین، لطفِتون رو فراموش نمی‌کنم.

وکیل همین‌جا وایستا برم ماشین رو بیارم، می‌رسونمِت خونه.

گَلین خونه نمی‌رم عمو، می‌رم پیشِ اسفندیار.

وکیل خب می‌برمِت بالادِه،... آرامگاه.

گَلین آرامگاه نمی‌رم، می‌رم تالاب.

۱۰

ماهور

ماهور

قرارمون جلوی دفترخونه‌ست. زودتر می‌رسم. تا اینجا همه‌چی همون‌طور که می‌خواستیم پیش رفته. جز نهال و بامداد که قراره شاهدِ عقد باشن، کسی خبر نداره، نه خونواده‌ها، نه دوست و آشنا، هیچ‌کی. سامان بعدِ عقد برمی‌گرده کانادا که از همون‌جا برام درخواستِ ویزای همسر بده. حالِ عجیبی دارم. نمی‌دونم چه مرگمه. نهال و بامداد می‌رسن و دیدنِشون مثلِ همیشه حالم رو خوب می‌کنه. توی این چند ماه که از گم شدنِ بهمن می‌گذره، خیلی به‌شون سخت گذشته، اما لبخند از لِبشون نیفتاده. بااینکه تازه احضارِشون کرده‌ن و براشون خطونشون کشیده‌ن، می‌خوان بعدِ اینجا برن اوین، تحصنِ «نه به اعدام».

سامان

خلبان می‌گه از آسمونِ ایران خارج شدیم. چهار ساعت دیگه می‌رسم فرانکفورت و از اون‌جا مستقیم می‌رم مونترال...

ماهور

از سامان خبری نیست. هرچی به‌ش زنگ می‌زنیم، موبایلِش خاموشه.

نهال شاید اتفاقی افتاده باشه، می‌خوای به خواهرش زنگ بزنیم؟

ماهور

می‌گم: «نه». می‌رم سمتِ ماشین و می‌گم: «بریم». بچه‌ها با تعجب نگام می‌کنن. ماشین که راه می‌افته می‌رم توی یه تونلِ تاریک. به گم شدنِ همیشگی‌ش فکر می‌کنم، به دوست‌دخترِ قبلی‌ش توی مونترال، به هراسِش از نقطه‌ی اوج و به اون مجسمه‌ی سنگیِ عجیب که نه اسب بود نه گرگ... نرسیده به میدون، بامداد راهنمای راست می‌زنه. می‌پرسم: «کجا می‌ری؟»

نهال می‌رسونیمِت خونه.

ماهور نه، بریم اوین...

ماهور

بامداد میدون رو دور می‌زنه و می‌ندازه توی اتوبان: یادگار شمال، اوین...

نهال دستم رو می‌گیره. دستِش رو سِفت می‌چسبم.

۱۱
رامش

رامش

سامی خبر می‌ده رسیده پاریس. از صبح که راه افتادم سمتِ فرودگاه، چند بار سعی کرده تماس بگیره و نشده. فرودگاه شلوغه. توی صفِ کنترلِ گذرنامه‌ایم. این صف از صفِ کارتِ پرواز هم شلوغ‌تره. بچه‌ها تندتند با هم عکس می‌ندازن و استوری می‌کنن. استوریا و پُستای بچه‌ها رو می‌بینم و جای خالیِ گیلدا به چشمَم می‌آد. الآن کجاست؟ چی‌کار می‌کنه؟ یعنی داره این استوریا رو می‌بینه؟

از بچه‌ها فاصله می‌گیرم که توی هیچ عکسی نباشم. از اون شب که رفتم پیشِش از آنیا دور و دورتر شدم؛ بوی مادام رانِوْسکی گرفتم. حالا دیگه با خودم هم که حرف می‌زنم صدای مادام رانِوْسکی تو سرم می‌پیچه...

رامش خداحافظ ای خونه‌ی عزیز، ای خونه‌ی قشنگِ اجدادی!... زمستون می‌گذره و بهار می‌آد اما تو دیگه نیستی، خرابِت می‌کنن. چه چیزا که دیوارای تو دیده‌ن!...

گیلدا اما تو می‌درخشی. چشمات مثلِ دو تا الماس برق می‌زنن. خوشحالی؟ خیلی؟

رامش خیلی مادر، خیلی!... زندگیِ تازه‌ای داره شروع می‌شه.

گیلدا [با بغض] اما من همیشه منتظرِ چیزی هستم، انگار منتظرم خونه روی سرمون خراب بشه!...

رامش باغِ آلبالو فروخته شده. دیگه مالِ ما نیست. این حقیقت داره مادر.

گیلدا حقیقت؟... آره، تو می‌تونی این رو بگی چون داری حقیقت رو می‌بینی؛ من انگار کور شده‌م، هیچی نمی‌بینم. تو جوونی، نترسی، از من شجاع‌تری. اما یه‌کم به‌م حق بده. [اشک می‌ریزد.] من بدونِ باغِ آلبالو می‌میرم.

رامش مادر! مادرِ قشنگم! داری گریه می‌کنی؟... آروم بگیر. زندگیِ تو که تموم نشده. ما یه باغِ آلبالوی تازه می‌کاریم، یه باغِ قشنگ‌تر. حالا می‌بینی.

رامش

بچه‌ها همه‌شون از کنترلِ گذرنامه رد شده‌ن و دورتر منتظرم وایستاده‌ن. نفرِ جلوییِ‌م هم می‌ره و بعدی من‌ام. افسرِ کنترل اشاره می‌کنه. می‌رم جلوی باجه. پاسپورت، کارتِ پرواز و قبضِ خروجی‌م رو می‌ذارم جلوش. پاسپورتَم رو اِسکَن می‌کنه. نگاهی به مانیتورِ روبه‌روش می‌ندازه و به‌م خیره می‌شه. روسری‌م رو مرتب می‌کنم. گوشیِ تلفن رو برمی‌داره و تلفنی یه چیزایی می‌گه که نمی‌شنوم. مدارکی که به‌ش داده‌م رو می‌ذاره توی کشوی میزش و می‌گه: «شما ممنوع‌الخروج‌اید!»...

خشکَم زده. یه برگ کاغذ می‌ده دستم، به اتاقکِ سمتِ راست اشاره می‌کنه و می‌گه: «اون‌جا به‌تون توضیح می‌دن.»... می‌رم سمتِ اون اتاقک و صدای مادام رانِوْسکی رو از دور می‌شنوم...

گیلدا

من همیشه منتظرِ چیزی هستم، انگار منتظرم خونه روی سرمون خراب بشه!...

۱۲

آرزو

آرزو

گرگ‌ومیشه. مِه سبک شده، نرم شده، نشسته روی آب. هیاهوی داروَگا و جیرجیرکا فروکش کرده. نَبضِ دوربین برگشته. دید دارم. چشم می‌ندازم. جاوید رو روی آب می‌بینم که اردکای نوک‌پهن دورَه‌ش کردەن. داره براشون از فیشرِ[۷] مرموز حرف می‌زنه و اون صد و دَه هزار مایلِ جادویی، از استنسینگرِ[۸] شگفت‌انگیز و سرطانِ رهایی‌بخشِ‌ش، از پترسون[۹] و سلیم علی[۱۰] و آدابِ پرنده‌نگری... مِه رقیق‌تر می‌شه و گودیِ کمرِ جاوید گودتر. دستم رو دراز می‌کنم از همین دور، می‌ندازم دورِ کمرش. می‌گم: «سه روزه این‌جاییم، کِی می‌آد پس؟». جغدای انبار آه می‌کشن و اردکای سرحنایی می‌خندن. می‌گم: «با توأم کِی می‌آد این امید؟» می‌گه: «می‌آد.» چشمام رو می‌بندم: مرغابی، غاز، خوتکا، حواصیل. حتی عقابِ دریاییِ دُم‌سفید... از امید خبری نیست. می‌گم: «شاید دیگه کم آورده، این‌همه راه، از سیبِری تا این‌جا، تنها...». می‌گه: «می‌آد...»

---

7 . Dean Fisher
8 . Phoebe Snetsinger
9 . Roger Tory Peterson
10 . Salim Moizoddin Abdul Ali

جاوید می‌آد. پونزده ساله داره می‌آد، همین راه رو، از سیبری تا این‌جا، تنها!

آرزو

چشمام رو می‌بندم: گیلار، قو، بوتیمار، طاووسک، سینه‌سرخ، حتی کلاغِ اَبلَق ... از امید خبری نیست. می‌گم: «اگه زده باشنِش، مثِ جُفتِش، آرزو...». دست می‌ذاره رو دهنم. اشکِش درمی‌آد. فقط یه قطره. می‌چکه رو سرِ یه دُم‌جنبونکِ خاکستری. دُم‌جنبونک دُمِش رو به آب می‌زنه. تالاب متلاطم می‌شه، موج برمی‌داره. موجا بلند می‌شن، بلند، بلند، بلندتر...

جاوید تو چِه‌ت شده؟! ما حرف زدیم!

آرزو ما حرف نزدیم، تو حرف زدی!

جاوید می‌دونی سالی چند نفر دارن از همین راه می‌رن اروپا؟...

آرزو سالی چندتاشون غرق می‌شن؟

جاوید ما این‌جا غرق می‌شیم آرزو، نه تو مدیترانه!...

آرزو

چشمام رو می‌بندم، پرنده‌ها می‌آن: غازِ پیشونی‌سفید، اردکِ بلوطی، کاکاییِ سرسیاه، حتی قوی فریادکِش... تو کجایی؟

چشمام رو می‌بندم، پرنده‌ها می‌آن: خوتکای ابروسفید، چنگرِ نوک‌سرخ، دُم‌جنبونکِ زرد، حتی زردپَره‌ی تالابی... کجایی تو؟

چشمام رو می‌بندم، پرنده‌ها می‌آن: حواصیلِ شب، کبوترِ جنگلی، سار، باکلان، حتی گنجشکِ سینه‌سیاه... کجایی؟

جاوید

روی آب، با هفتادونُه نفر توی قایقی که چند ساعت دیگه غرق می‌شه. فردا گاردِ ساحلیِ یونان دو تا لیست منتشر می‌کنه: پنجاه نفر مفقود و بیست‌ونُه نفر نجات‌یافته!... اسمَم رو توی هیچ‌کدوم از این دو تا لیست پیدا نمی‌کنم، من کجام آرزو؟

آرزو

مِه محو شده. نبضِ دوربین برگشته. دید دارم. چشم می‌ندازم. می‌بینمت که سینه‌ی تالاب رو می‌شکافی و می‌زنی بیرون، لُختِ لُخت. دستات دراز می‌شن، می‌رسن بهم. با نوکِ انگشتات گونه‌هام رو لمس می‌کنی. روزنای پوستم باز می‌شن. لاله‌ی گوشم گُر می‌گیره. می‌گم: «بغلَم کُن لعنتی، بغلَم کُن.»

علی فومنی

۱۴۰۲

درباره‌ی نویسنده

علی فومنی، متولدِ ۱۳۵۷، شاعر، نویسنده و کارگردانِ تئاتر است. او به بیماریِ مزمن و سختی مبتلاست که تلاش‌ها برای درمانش تا کنون بی‌نتیجه بوده؛ نامِ بیماریِ او «امید» است.

انتشارات آسمانا (تورنتو) منتشر کرده است:

پژوهش‌های علمی و دانشگاهی

- حافظ و بازگویی، تالیف رضا فرخفال، ۲۰۲٤
- زنان کُرد در بطن تضاد تاریخی فمینیسم و ناسیونالیسم، تالیف شهرزاد مجاب، ۲۰۲۳
- شورش دهقانان مکریان ۱۳۳۲ـ۱۳۳۱: اسناد کنسولگری، مکاتبات دیپلماتیک و گزارش روزنامه‌ها، پژوهش امیر حسن‌پور، ۲۰۲۲

تصحیح انتقادی

- رستم در قرن بیست‌ودوم (تصحیح انتقادی و مصور)، تالیف عبدالحسین صنعتی‌زاده (ویرایش م. گنجوی و م. منصوری)، ۲۰۱۷

شعر

- آینه را بشکن، شعر از نانائو ساکاکی، ترجمه مهدی گنجوی، ۲۰۲٤
- عجایب یاد، شعر از امیر حکیمی، ۲۰۲۳
- کهکشان خاطره‌ای از غروب خورشید ندارد، شعر از مهدی گنجوی، ۲۰۲۳
- غریبه‌هایی که در من زندگی می‌کنند، شعر از مهدی گنجوی، ۲۰۲۱
- تبعیدی راکی، شعر از علی فتح‌اللهی، ۲۰۱۸

داستان

- فیلها به جلگه رسیدند، رمان از کاوه اویسی، ۲۰۲٤
- مقامات متن، رمان از مرضیه ستوده، ۲۰۲٤
- انتظار خواب از یک آدم نامعقول، مجموعه داستان از مهدی گنجوی، ۲۰۲۰

برای ارتباط با نشر آسمانا:

Asemanabooks@gmail.com

Asemanabooks.ca

-----------Asemana Books-----------

The Siberian Crane

Ali Foumani

Asemana Books
2024